収録作品メモ――――――

「君に届け」⑨巻 ■別冊マーガレット・平成20年10月号と12月号、
平成21年1月号と2月号、8月号に掲載

＊マーガレット コミックス

君に届け⑨

2009年9月16日　第1刷発行
2010年8月30日　第11刷発行

著　者　　椎　名　軽　穂

編　集　　株式会社　創　美　社
〒101-0051 東京都千代田区神田神保町2－2
共同ビル
電話　03(3288)9823

発行人　　太　田　富　雄

発行所　　株式会社　集　英　社
〒101-8050 東京都千代田区一ツ橋2－5－10
電話　編集部 03(3230)6257
販売部 03(3230)6191
読者係 03(3230)6076

Printed in Japan
印刷所　　大日本印刷株式会社

ISBN978-4-08-846440-4 C9979

になろう!!

椎名軽穂先生も
別マまんがスクールから
デビューしました!

したい新しい才能を募集しています。
是非チャレンジしてまんが家になりましょう!

別マ MANGA GP ザ☆デビュー

特 徴 実力を試したいあなたにおススメ!

★24P～30Pの作品　★年3回のしめきり
★「テーマ」部門と「自由」部門があり

佳作以上がデビュー!!

賞 金 めざせグランプリ!!

グランプリ 賞金100万円 副賞パソコン+海外取材旅行+記念盾

準グランプリ 賞金50万円 副賞パソコン+海外取材旅行+記念盾

佳　作 賞金30万円 副賞デジタルカメラ

奨励賞 賞金10万円

激励賞 賞金5万円

ジュニアベスト賞 賞金5万円 (※高校生以下の応募作の中から最優秀賞作品に対して)

審査員特別賞 奨励賞以上で、特に審査員が推薦した作品に、5万円がプラスされます。

高梨みつば先生、高野苺先生、永田正実先生、中原アヤ先生、美森青先生 他、別マの執筆陣が交代で審査をします。

http://betsuma.shueisha.co.jpをみてみてね。

小説だけのだいすきの気持ち
小説でしか読めない、「君に届け」の
魅力的なキャラクターたちのエピソード。
中学時代の爽子と風早を描いた
「明日になれば」ほか、
8篇のストーリーを収録！
カバー＆挿絵は
椎名軽穂先生描きおろし！

大人気コミック『君に届け』の
ストーリーを完全小説化《ノベライズ》!!
コバルト文庫で好評発売中!!
君《きみ》に届《とど》け
下川香苗 原作 椎名軽穂
君に届け 第1巻
暗い見た目のせいでクラスに馴染めない爽子《さわこ》。誰にでも優しい風早《かぜはや》と出会い…？
君に届け 第2巻
〜恋に気づくとき〜
風早のおかげで友達も出来た爽子。ある日、風早の同級生・くるみが現れて…？
君に届け 第3巻
〜それぞれの片想い〜
くるみの登場で風早への想いを自覚した爽子。初めて抱く感情に戸惑って…？
君に届け 第4巻
〜好きと言えなくて〜
龍の兄に婚約者がいると知り、ショックを受ける千鶴《ちづる》。爽子は千鶴を慰めて…？
シリーズ最新刊・10月2日（金）発売予定
第5巻 君に届け〜すれちがう心〜
コバルト文庫
cobalt.shueisha.co.jp
コバルトのホームページにはお役立ち情報がいっぱい!

*このページの情報は2009年9月11日の時点のものです。

DS「君に届け ～育てる想い～」

君《きみ》に届《とど》けがDSになりました

発売日：2009年10月15日予定
対応機種：ニンテンドーDS
価格：5229円（税込）
メーカー：バンダイナムコゲームス

 ※画面は開発中のものです。

『君に届け』の世界が楽しめるピュアホワイツなゲームが誕生です。あなたが爽子になって学校生活を1年過ごしながら、風早くんや皆に想いを伝えるゲームです。ゲームオリジナルのエピソードや、君届ファンに、うれしい遊び心も満載。アニメと同じく、爽子を能登麻美子さん、風早を浪川大輔さんが声を担当してます。

季節のイベントをいろいろ体験♪

オリジナルエピソードも♪

予約特典：爽子のUVチェックストラップ
急げ！

紫外線に当てると爽子の顔色がかわる！

TVアニメ 君に届け 10月6日 日本テレビ系にて放送

（一部地域除く）

超豪華な声優陣でアニメをお届けです！

中村悠一さん
真田龍役

沢城みゆきさん
矢野あやね役

能登麻美子さん
黒沼爽子役

平野綾さん
胡桃沢梅役

三瓶由布子さん
吉田千鶴役

浪川大輔さん
風早翔太役

Charaⓢ《さん》の歌う主題歌 9／11より着うた配信スタート！

（着うたフルは10月6日から配信スタートです）

着うた®は
こちらから⬇

※待ち受け画像プレゼントは2009年12月10日まで。

胸がきゅっとなる主題歌をゲットして、「君届」気分をいち早く味わってね。そして、今なら着うた®をダウンロードしたみんなにTVアニメ「君に届け」の携帯用待受画像をプレゼント中!!

*このページの情報は2009年9月11日の時点のものです。

火24:59～
スタート！

『君に届け』TVアニメ放送が10月6日(火)から始まります！　総天然色な、青春フィルムをどうぞご覧下さい。爽子や風早たちが、素敵な雰囲気の画面を駆けめぐります。深夜からの放送ですが、皆さんお誘いあわせの上、ご覧くださいませ。

アニメ最新情報はこちらから

最新放送情報や、
オリジナル携帯コンテンツ
など盛りだくさん。

ケータイサイト ➡

PCはこちらから⬇

http://www.ntv.co.jp/kiminitodoke/

君届新聞（号外） 2009年9月11日（金）

アニメ化記念
&新刊発売

椿姫彩菜のオールナイトニッポン君に届けスペシャル

9月21日（月）25時～27時オンエア!!

「君に届け」を読んだら、お次は誰かに気持ちを届けよう！　ということでスペシャル番組が放送です。「君届」大ファンの椿姫彩菜さんがパーソナリティ。あなたの思いを深夜にそっと届けます。ぜひ下記のアドレスへ、あなたの熱いメッセージを届けてください。

君に届けたいメッセージ大募集!!

あなたが大切な人に届けたいメッセージを番組に送ってくださいね。

受付メールアドレス kimitodo@allnightnippon.com

＊送って頂いたメッセージ・エピソードは番組内や原宿での「君届」イベントでも取り上げられる可能性がございます

＊このページの情報は2009年9月11日の時点のものです。

君届新聞（号外）2009年9月11日（金）

君に届けが原宿をジャック!!

2009年9/14〜27日ですっ!

秋の連休、「シルバーウィーク」って言うみたいですね。その連休をはさんで、原宿に「君届」がお邪魔します。街中が「君届」だらけになりますよ。ご家族や恋人の皆さん、お友達、お一人でも遊べる「君届原宿ジャック」にどうぞお越しください。皆さんにお会いできるの楽しみにしています。

☆「君に届け」カフェ

「君に届け」の複製原画が飾られたカフェで、「君届」オリジナルメニューを楽しんじゃおう! カップやトレイも「君届」風味だよ。アニメ商品の先行発売もあり。

☆「君に届け」開運所

「君届」9巻初版ふろくの「思い、届ける絵馬カード」に大切な人に伝えたい思いをかいてもっていこう!
なんと神社で祈願しちゃう。君届特製おみくじもあり。

☆「君に届け」スタンプラリー

竹下通り商店会の協力店でスタンプを集めよう!
原宿イベント限定「君届」ポストカードセットがもらえる!

☆原宿駅、竹下通り商店会、などでも「君に届け」ポスターが登場!

詳しい情報は別マ10月号!!
又はこちらのサイトから⬇
http://betsuma.shueisha.co.jp/harajuku_kimitodo/
携帯はこちらのサイトから➡

君届新聞（号外） 2009年9月11日（金）

もふもふなマルちゃんに触ろう！

各500名ずつ抽選でプレゼント。詳しい応募のきまりは別マ10・11月超特大号とオリジナル小説の帯をみてね。

オリジナル小説
「君に届け～明日になれば～」
ブックカバー

別マ11月超特大号
変身エコバッグ

別マ10月超特大号
パスケース

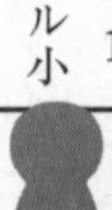

爽子がマトリョーシカに!?

別マ11月超特大号ふろく
（10/13売）

別冊ふろく
君届ファンブック

→椎名先生のロングインタビューなど君届のヒミツがわかるかもしれません。

←ビッグで便利な透明ケース

爽子マトリョーシカ
スライダーケース

デラックスな君届！

デラックスマーガレット11月号
（9/28売）

クリアファイル＋
Wポスター

表紙も
椎名先生!!

別マ12月号も
君届ふろく

爽子マトリョーシカ
ラバーマスコット

↑和みの一品です

君届情報まとめサイト http://betsuma.shueisha.co.jp/portal_kimitodo/

＊このページの情報は2009年9月11日の時点のものです。

君届新聞（号外） 2009年9月11日（金）

君《きみ》届《とど》新《しん》聞《ぶん》

号外

爽子が教室の風早に
とうとう自分の
気持ちを…

別マ10月超特大号で、9巻の続きがよめる！

9／12売

お久しぶりの「君に届け」コミックス新刊です。椎名先生産休のためお休みをいただいていた「別マ」での連載も別マ10月号から再開されます。コミックス派の皆さん、気になる続きが今すぐ読めるんです！　しかも初公開＆ここだけのアニメ特別予告編などを収録したＤＶＤがふろくです。素敵アニメなので早く見ていただけると嬉しいです。アニメ化と連載再開を記念して、しばらくの間「別マ」は「君届祭り」です。アニメと一緒にやんやと盛り上がっていただけると幸いです。

別マ10月超特大号はWふろくつき

「君に届け」アニメ化記念DVD

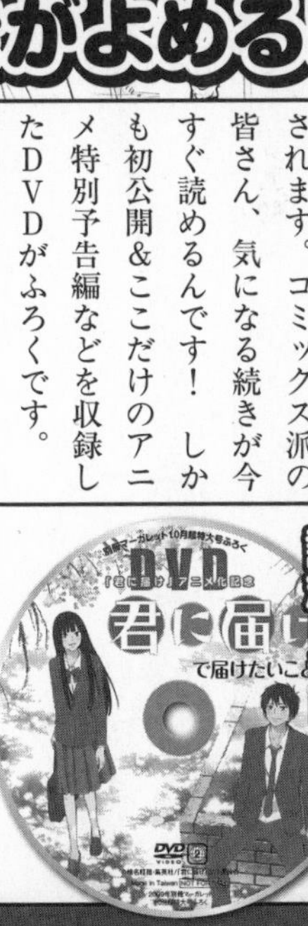

リバーシブルコミックスカバー

…ゴク…
……届《とど》け……
《つづく》

……届《とど》いてほしい
2-D
ハア…
ドキン
ドキン
ドキン
届《とど》け
ハア…
届《とど》け

伝《つた》えたい
…ハア…
私《わたし》の気持《きも》ち 全部《ぜんぶ》

…壊《こわ》したい
風早《かぜはや》くんとの間《あいだ》に
作《つく》った壁《かべ》を

ほしかったのはその全部《ぜんぶ》だと言《い》ったら
風早《かぜはや》くんはどんなかおをするかな

まじめな顔《かお》
悲《かな》しい顔《かお》
真《ま》っ正面《しょうめん》からの
満面《まんめん》の笑顔《えがお》

…言《い》いたいことが
たくさんあるの
…後《うし》ろ姿《すがた》
てれた横顔《よこがお》
あわてた顔《かお》
真剣《しんけん》に怒《おこ》つた顔《かお》

こわいとか
はずかしいとか
…よかったの？
邪魔《じゃま》しなくて
私《わたし》のことを どう思《おも》っているかとか
〃今《いま》の人《ひと》が
最上《さいじょう》
迷《まよ》うな〃
何《なに》を
迷《まよ》っていたのかな

たっ
……先《さき》に……帰《かえ》ってて！
えっ…
あっ
…龍《りゅう》！
黒沼《くろぬま》！
教室《きょうしつ》！
わかんないことは
もういいや
…

えっ…いいって
いいって何《なに》がっ爽子《さわこ》！
ねぇ!!
ちょっ
あんたまさかあきらめ…
風早《かぜはや》くんが
誰《だれ》をすきでももういい！

私《わたし》のすきになった
風早《かぜはや》くんは
いつだって
ただの1人《り》の男《おとこ》の子《こ》で
いた
爽子《さわこ》！
帰《かえ》ろー！
家帰《いえかえ》って
チャッとめし食《く》って
フロ入《はい》って
あたしんち
集合《しゅうごう》ーー!!
おつかれーー!!
今日一番大変だった人!!
ちょー
風早《かぜはや》
しらねー？
は？
しらないよー
何《なに》！
いないの!?
……いいや……
……もう
いい

明《あか》るくて
爽《さわ》やかで
クラスの中心《ちゅうしん》で
お疲《つか》れー
お疲《つか》れーー!!
私《わたし》とは
正反対《せいはんたい》で
いやいや本番《ほんばん》これからでしょ!
これから明日《あした》までに男子《だんし》山車《だし》女子《じょし》衣装《いしょう》!
ざわ
ざわ
うわきっっ!
あははははは
とりあえず一旦《いったん》家《いえ》帰《かえ》ってー
何時《なんじ》集合《しゅうごう》!?
…尊敬《そんけい》して
憧《あこが》れてー
風早《かぜはや》ーー!
あれ風早《かぜはや》はーー?
…だけど

神様《かみさま》みたいな
人《ひと》だと思《おも》つた

「黒《くろ》沼《ぬま》爽《さわ》子《こ》」だよ

来《き》てみたぞ黒魔術《くろまじゅつ》カフェーー
次おれらの番ーー!!
効《き》き目《め》すげーんだってな!!
えっとなんだっけ…貞子《さだこ》!
黒沼《くろぬま》貞子《さだこ》!!
「爽子《さわこ》」

憧《あこが》れていたのは
きっと俺《おれ》の方《ほう》だ
………風《かぜ》……
あっ
風早《かぜはや》ー!
談ブース
貞子在中
はっ

…確《たし》かに俺《おれ》は黒沼《くろぬま》と正反対《せいはんたい》で
すぐ怒《おこ》るし嫉妬《しっと》もする
…黒沼《くろぬま》が思《おも》ってるようなそんなすごいのじゃなくて
尊敬《そんけい》されるような人間《にんげん》じゃない
…黒沼《くろぬま》はいつも「風早《かぜはや》くんのおかげ」って言《い》ってたけど――…
………
…いつも1人《り》で頑張《がんば》ってなんとかしてしまう黒沼《くろぬま》に

……え
でも――
黒沼《くろぬま》はいつもきっともっとずっと誤解《ごかい》されてきたんだ
それでも
あきらめずにずっと頑張《がんば》ってきたんだ

風早《かぜはや》くんにだけ
感《かん》じなかったはずの
壁《かべ》を
いつのまにか
私《わたし》は自分《じぶん》から
作《つく》っていたのかな
思《おも》ってる事《こと》を
言《い》えた時《とき》
いつだって
風早《かぜはや》くんは
100%《パーセント》で応《こた》えて
くれたのに
…誤解《ごかい》…
…うん
黒沼《くろぬま》
俺《おれ》のこと
誤解《ごかい》していると思《おも》う

…ともだちが できて クラスに なじんできても
はずかしいとか 嫌《きら》われたくないとか
…風早《かぜはや》! 交代《こうたい》———!
時間ー!
パワー充電中
思《おも》った事《こと》も言《い》えなかったり
素直《すなお》に笑《わら》えなかったり
…あのさ 風早《かぜはや》 貞子《さだこ》ちゃん なんていうか 誤解《ごかい》してんだよ
イヤさせたのオレだけど
…ごめんな?

応援《おうえん》するよ
頑張《がんば》んなよ
〝ごめんなさい〟
〝ありがと――!!〟

……貞《さだ》……
り
えーと……
チャッ★
……………
笑《わら》った顔《かお》がいいと思《おも》ったんだけどなあ
でも
今《いま》貞子《さだこ》ちゃんを暗《くら》い顔《かお》にさせるのも泣《な》かせるのも笑《わら》わせられるのも
…風早《かぜはや》なんでしょ？

……風早《かぜはや》くんにだけ？
私《わたし》が――――…？
…でも貞子《さだこ》ちゃんは意外《いがい》と可愛《かわい》かったし
だからせめて風早《かぜはや》なんてあきらめてクラスにとけこんだり
他《ほか》の奴《やつ》にしとけばって
なんならオレでもいーよって思《おも》ったんだけど…

貞子《さだこ》ちゃんは「風早《かぜはや》には壁《かべ》を感《かん》じなかった」って言《い》ってたけど
オレには風早《かぜはや》にだけ壁《かべ》があるように見《み》えたんだよ
…クラスのみんなには作《つく》ってない壁《かべ》をさ

…風早《かぜはや》だと思《おも》った？
カタン
…本音《ほんね》言《い》っていーかな
貞子《さだこ》ちゃんに風早《かぜはや》を落《お》とすのは絶対《ぜったい》ムリだって思《おも》ってたんだよね
風早《かぜはや》と貞子《さだこ》ちゃんが違《ちが》いすぎて似合《にあ》わない2人《り》だと思《おも》ったし
風早《かぜはや》がつきあうなら貞子《さだこ》ちゃんじゃないだろなって
…それに

何《なに》も
かわらないんじゃないのかな
ばっ。
はっ・・・
貞子《さだこ》ちゃん！
お疲《つか》れ！
10分《ぷん》休憩《きゅうけい》だって！
ハイ
トン

ふぅー
…一段落《ひとだんらく》かな…？
すきな人《ひと》に彼女《かのじょ》とか…
やっぱり恋《こい》の悩《なや》みが多《おお》いんだな――
…風早《かぜはや》くんにすきなひとがいなかったら
おみくじ
カサ…
私《わたし》はなにかしていたというのかな
恋愛《れんあい》 愛を捧げよ倖せあり
――何《なに》かがかわっていたとでもいうのかな

あたし…
正々堂々《せいせいどうどう》と彼女《かのじょ》と闘《たたか》ってみる!!
負《ま》けてもうらみっこなしよ!!
次《つぎ》の方《かた》——
どうぞ—
…そしてなぜか みんな毒気《どくけ》を抜《ぬ》かれて出《で》ていくという……
ごくり
さ…さすがだな!!
最後尾
2-D 貞子の黒魔術カフェ
どーぞしそ茶《ちゃ》でーす
相談ブース 貞子在中
あっおいしーー
この薬草《やくそう》効能《こうのう》なんですか
便秘《べんぴ》でございます
いやウチは萌《も》え萌《も》えジャンケンはやってないんで

好《す》きな人《ひと》に彼女《かのじょ》がいて憎《にく》いんです…
どーしても彼《かれ》を手《て》に入《い》れたいので
彼女《かのじょ》をおとしいれたいんです…
…………
……ひ………
人《ひと》を……のろわば穴《あな》2つと申《もう》しまして……。
な…
なんだこの列《れつ》は!?
ぞろ〜〜り
2-D
2-D
すごいんだって―本物らしーよ
テストの山もピタリと当ててるらし―
まじで―!!
最後尾
2-D 黒魔術カフェ
黒沼《くろぬま》の噂《うわさ》が噂《うわさ》を呼《よ》んで黒魔術《くろまじゅつ》かけたいダークな奴《やつ》らが集《あつ》まってるらしい
あ……あいつの力《ちから》か…!!
やはり!!
…ありがとう!!

立派《りっぱ》だから
風早《かぜはや》くんを
すきになったん
だったっけ……？
「爽《さわ》やか
とか」
パッ！
パン！
「平等《びょうどう》とか」
第43回北幌高校学校祭
「そんな風《ふう》に
思《おも》われたかった
わけじゃない」
どーぞー
入ってって
下さーい
神秘
黒魔術相談実施中
邪術
貞子の
黒魔術カフェ
2−D
・薬草茶
・薬草スイーツ
あり〼
荒井一市
……憎《にく》いんです……

……
私《わたし》……
「風早《かぜはや》の何《なに》を見《み》てんのよ」

「んなもん あきらめ ちまえよ」
……あきらめるって 何《なに》をだ
黒沼《くろぬま》と つきあうこと？
…すきなことを やめるってこと…？
何《なに》それ!?
あ…ハーブティーの…
おいしいいれ方の本……
あとテーブルセッティングの……
あっ 貞子《さだこ》ー
つか本いっぱい!! 重そ〜!!
あー黒魔術《くろまじゅつ》カフェの!
みして みしてーー
「自分《じぶん》のことで いっぱいいっぱい だもんな!」

……やっぱり……
立派《りっぱ》すぎると思《おも》うけど……
ところで何《なん》だその大量《たいりょう》の本《ほん》は
あ…
黒魔《くろま》術《じゅつ》カフェの資料《しりょう》です
しま……魔《ま》術《じゅつ》の本《ほん》か!!
「いんじゃねーか?」

衣装班《いしょうはん》も 小物班《こものはん》も 一生懸命《いっしょうけんめい》 進《すす》めてます…
なんとか間にあうかと
ちなみに 壁新聞班《かべしんぶんはん》は 順調《じゅんちょう》です…
他の班へのヘルプが期待できるかと……
壁画班《へきがはん》と 山車班《だしはん》は 進行《しんこう》若干《じゃっかん》 遅《おく》れ目《め》な ようです…
むっ そうかっ
壁画班《へきがはん》と山車班《だしはん》には 「若《わか》いうちの無理《むり》は 買《か》ってでもしろ」っつっとけ!
え
事情《じじょう》が 変《か》わった!!
3年《ねん》を 押《お》しのけて!! 総合優勝《そうごうゆうしょう》を 目指《めざ》す!
上生ずし!!
賭けてるんですね
あー そーいや おまえなー なんかカン違《ちが》い してると思《おも》うぞ!
えっ
ドキッ
カン違《ちが》い ……!!
これ以上!?
わははははは!!
翔太《しょうた》なんか おまえが思《おも》ってる よーな立派《りっぱ》な 人間《にんげん》じゃねーから!! やめちまえ やめちまえ!!
……立派《りっぱ》………。
ガラガラ
おう 働《はたら》きアリども やっているかね!!
なんて立派じゃない教師なんだ…!!
最低だ!!

…やっぱり風早《かぜはや》
貞子《さだこ》ちゃんのことすきなの…？
……………
…周《まわ》りが何《なに》かしたらこじれるのわかったでしょ
もうほっときな！
キーンコーン
カーンコーン…
おっ
黒沼《くろぬま》!!
あ…
どーだ学祭《がくさい》の準備《じゅんび》は！進《すす》んでんのか!!

…………
……邪魔《じゃま》したいんじゃなかったの?
…わたしはね!!
た、たたいだ…
あの程度《ていど》の女《おんな》に負《ま》けたなんて思《おも》いたくないの!
……あんなに手応《てごた》えない女《おんな》だと思《おも》ってなかったわガッカリよ!!
たっ
あっ ちょっ
くるみ!!
――

何《なに》くるみも風早《かぜはや》のことすきだったの⁉
おい 声《こえ》でけーだろ
…そーよ
えー なんだよ困《こま》ったな!
どっち応援すりゃいいんだろ!
…あ
じゃーオレが貞子《さだこ》ちゃんとつきあったらくるみ的《てき》によくね?
ぱん!
………
余計《よけい》なことしないで!!

なんだと!?
フン
バレンタインにチョコも渡《わた》せないヘタレをののしって何《なに》が悪《わる》いの
何《なに》!
なんでんな事《こと》しってんの!!
さてはくるみおまえのせいかーー!!
チョコーー!!
どいつもこいつもっっ
そーよ邪魔《じゃま》したのはわたしよ!でもだから何《なん》だっていうの!!
渡《わた》さなかったのは爽子《さわこ》ちゃんじゃない!!
わたしは「渡《わた》すな」なんて言《い》ってないもん!!
……って
え
う…
うーーん
くるみ
一理あり
いや邪魔《じゃま》すんのが悪《わる》いだろう
爽
ホイ

カルピン on JAPAN ②

休載中は、下川香苗さんが別マ本誌で「君に届け」のオリジナル小説を書いて下さいました。

下川さんどうもありがとうございます!! コバルトから「君に届け」本編小説&オリジナル小説(下川香苗さん著)も出ますので、そちらも皆さんぜひぜひ♥
とてもリリカルで素敵なお話ですよ!! 私もさし絵など描いてまーす!!
そして、連載再開頃はなんとDSのゲームソフト発売とアニメの放送も開始するであります…!!
どちらも去年の段階からずいぶん楽しませてもらっているのですが、ゲームとアニメがリンクしている部分もあり…(声優さんも一緒!)
皆さんも楽しみにしていて下さいませ——!!
ゲームのエピソードも細かくて面白可愛くて、私も今から楽しみでしょうがないのです。
チュートリアルもお楽しみに♥
アニメも、多分私が1番楽しみにしていると思うのですが、ほんとに細かく打ち合わせをしてくれて、ものすごく丁寧に作ってくれているのです(感動)
早くゲームもやりたいし、感動
アニメもみたいよ!!♥
もう、ゲームは何年もかけてでもやりこむつもり!! ～♪ わー ¼が もうない!!

ではみなさん良かったら⑩巻でまた会いましょ～!! ♥ しーな

……………何《なに》もしてないんだな……
…………
まずいこと……
しちゃったかな〜〜〜〜〜〜
……「しちゃったかな」じゃねんだよ
だよね〜〜〜
あはっ
ゆー瞳孔が!!
縫《ぬ》いつけてやろうか縫《ぬ》いつけてやろうかその口《くち》を!!
あは
困《こま》ったなー
オレってホラ…基本正直《きほんしょうじき》だからサ……
どーでもいんだよ
どいてよ
邪魔《じゃま》なんだけどっ

「おはよう」って あいさつも――……
〃「おはよう」って 笑《わら》ってくれないかもしれない〃
〃目《め》もあわないかもしれない〃
〃さけられるかもしれない――〃
……あの時《とき》は
風早《かぜはや》くんが待《ま》っていてくれた
話《はな》しかけてくれたんだ
……………私《わたし》……………

……俺《おれ》が言《い》うのもなんだけど
多分《たぶん》 あんた
言葉《ことば》足《た》らず
……私《わたし》――……
このままだと
風早《かぜはや》くんにずっと声《こえ》もかけられなかったりするのかな
ずっと
……背中《せなか》だけを見《み》て

こっち来《き》て!!
えっでもコレやばくない?
フォ
フォ
いーから黙《だま》れ!!
たのむだまってくれ!!
ん?三浦《みうら》??
と、矢野吉田?
いや
なんもねーよ
あー山車《だし》間《ま》に合《あ》うかなー
出来る気しねー
学祭《がくさい》2日《か》めだしなんとかなるって
多分《たぶん》前《まえ》の日《ひ》徹夜《てつや》
やっぱし!?
あはは
今年も!?
…なんだーやっぱガセじゃない?
貞子もちがうって言ってるし
……
声《こえ》もかけずに行《い》ったじゃん
やっぱねー

……
……あ……
えー 何何《なになに》？
ん？
なんかよく わかんないけど 貞子《さだこ》が風早《かぜはや》との仲《なか》 否定《ひてい》してんの
えー 何《なに》ソレ
あはは
〜〜〜〜
か……
あー龍《りゅう》 風早《かぜはや》ーー！
きたきた!!
おっせーよ！
！
もうみんな 集《あつ》まって…
…ってアレ？
なんか 人多《ひとおお》くね??
なんか あった？
あっ 風《かぜ》……
ちょっと!!

はっ
あっ

やっぱ風早《かぜはや》
貞子《さだこ》ちゃんのこと
すきかも!!
!!
ちょっ…
なんてことっ
大声で!!
えー
なになに——
ざわ
うそ あの
修羅場《しゅらば》のウワサ
まじだったの!?
風早《かぜはや》告《こく》った
とかいう
はっ
ごっ……
誤解《ごかい》!!
ちがう
ちがう!
それは
誤解《ごかい》なので!!
さわ!!
!!
ほら
やっぱり
こーなる!!
…すきの意味《いみ》が
ちがう……!

よくもやってくれたな!!
爽子《さわこ》に何《なん》の用《よう》!? 近《ちか》づくな!!
散れ!!
えっ!?
うわ〜〜〜ひっどいな〜〜〜
はは
余計《よけい》な事《こと》すんなっつったじゃん!!
何《なに》やってくれてんのよ!!
や……やっぱり!?
うわ〜
ごめん!貞子《さだこ》ちゃん!!
え

おは……
つーん
ガーーン
み……
見《み》そこなわれている…
ああ
ガーンガーンガーン
…あっ
貞子《さだこ》ちゃん!!
はっ
師匠《ししょう》!!
あわわ
私《わたし》ったらあのあの
とんだ醜態《しゅうたい》を見《み》せてしまって…
あわあわ
いやいや!
てかさ!
待《ま》ちな!
ガシッ!!
うっ

おはよーー
…あ。
おはよーー
ばったり
く
くるみちゃん

episode《エピソード》38.届《とど》け

「わたしはちゃんと伝《つた》えたもの」
「ちゃんと間違《まちが》いなく伝《つた》えた!!」
私《わたし》は……
伝《つた》えた……?

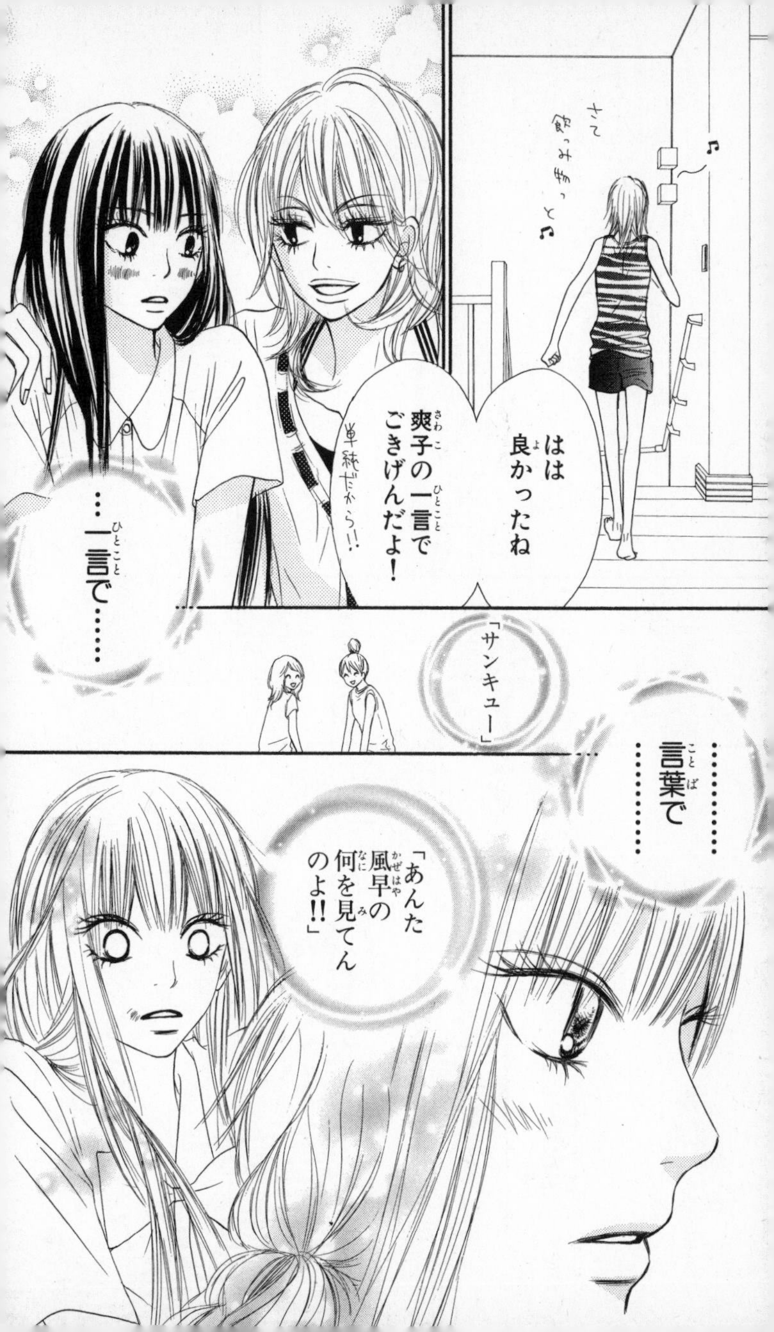

さて
飲っみ物っと♪
♪〜
はは
良《よ》かったね
爽子《さわこ》の一言《ひとこと》で
ごきげんだよ!
単純だから!!
…一言《ひとこと》で……
「サンキュー」
……言葉《ことば》で……
「あんた
風早《かぜはや》の
何《なに》を見《み》てん
のよ!!」

ちづちゃんと
あやねちゃんと
仲良《なかよ》くなれて……
………
……す……
……好《す》かれてるって
思《おも》えたの 初《はじ》めて
だったよ！
い……
言《い》って
しまった!!
ついに!!
はっ はっ はっ はっ はっ!!
ばんばん！
ひっ
うん！
そこ忘《わす》れない
どいて!!

こうやって学校祭《がっこうさい》の準備《じゅんび》に私《わたし》もおうちに呼《よ》んでくれて――……
……それに……放課後《ほうかご》の……
「……あたしらだっているのに……
あんたいつまで自分《じぶん》のこと下《さ》げて生《い》きていくつもり」
……う……嬉《うれ》しかったっ
アラ
あ
…………
私《わたし》――……

出《で》しゃばってしまった…!!
ひょ〜〜〜!!
あ──そっかそっか!!
なるほど!!
あっ 合《あ》ったじゃん!!
サンキュー貞子《さだこ》!!
「サンキュー──」
ガチャ
……ちづちゃん!
………………
何《なに》?
…あの…
……今日《きょう》はありがとう!!

おーーい
行《い》くぞーー
風早《かぜはや》ーー!
ザ・
ーー……
あれ
おっかしーなー
合《あ》わないんだけど
えーー?
生地《きじ》ちゃんと
計《はか》ったーー?
……あ
それは…
こう……
多分
かも……
はっ!!

そーだな
おまえ「黒沼《くろぬま》のことわかってねー」とかなんとか言《い》ってたけど基本《きほん》 自分《じぶん》の事《こと》でいっぱい いっぱいだもんな!
いんじゃねーか?
んなもんあきらめちまえよ!!

「ふられたんです」
………
ふーん？
…なるほど！
つまりアレか！鼻《はな》くそみたいな事《こと》しか言《い》えなかったってことだな!!
出来《でき》の悪《わる》い男《おとこ》だな!!
ギャはは
カチーーーン!!
俺《おれ》は…
言《い》う事《こと》は言《い》った！
…もーいんだよ
ほっとけよ!!

だって おまえ わざわざ走《はし》って ふりに行《い》ったんだろ?
なんでだよ!!
オイッ
あれー?、風早ーー?
あー
ピンにつかまってんのかー
……………
告白《こくはく》しに 行《い》ったんだよ!
うまくは
…いかなかった けど

ふったんだってな!! 黒沼《くろぬま》のこと!!
ふられたんだよ!!
すっかりだまされたぜ まさか あんなはりきって女《おんな》ふりに行《い》くとはな!!
ええ!?
おまえ将来《しょうらい》何《なに》になるつもりだ!! ジゴロか!! ホストか!! それとも
ふられたんだよ
え?
?
ふられたんだよ
3回目→

ん? たしか 山車《だし》の持《も》ち出《だ》し 禁止《きんし》だったよな
み
見逃《みのが》してよ ピン〜〜〜!
どこのクラスも やってるからぁ!!
間《ま》に合《あ》わねん だってー!!
担任《たんにん》じゃん
興味《きょうみ》ねーし いっけど
てめーら他の教師に みつかんなよっ めんどくせーから!!
イヤ 別《べつ》に
担任……。
………
ま、とりあえず よかった よかった
…あ
翔太《しょうた》!
あ
おまえ……… 思《おも》ってたより ひでー奴《やつ》だな!!
いつの間《ま》に そんな成長《せいちょう》 遂《と》げてたん だよ!
は?
はじゃねーよ 気《き》のあるフリして その気《き》にさせて 恐《おそ》ろしい男《おとこ》だ!!
無害そーな顔して!!

…みつかんなよ——
こそ
こそ
そっとだぞそっと——
何《なに》やってんだおまえら
ん
ぎゃ!!

episode《エピソード》37.あきらめちまえよ

たっ
……………

わたしはちゃんと伝《つた》えたもの……
何《なに》を……
…ふられたけど！
…ちゃんと間違《まちが》いなく伝《つた》えた!!
一緒《いっしょ》にすんな!!

あんた風早《かぜはや》の何《なに》を見《み》てんのよ!!
……何《なに》を……？
…わたしと一緒《いつしよ》だなんて思《おも》わないで…！

鈍《にぶ》さに慣《な》れるな!
風早《かぜはや》だけは爽子《さわこ》ちゃんのこと可哀想《かわいそう》だって思《おも》わなかったんじゃないの?
ちづちゃんやあやねちゃんですら可哀想《かわいそう》に思《おも》ってた爽子《さわこ》ちゃんの事《こと》をよ!!

……傷《きず》……
……私《わたし》が!?
あっ……
好《す》きな子《こ》いるのに世話《せわ》かけ続《つづ》けたから……!?
迷惑《めいわく》かけつづ……
イラッ
ぎゅっ
うっ
鈍感《どんかん》だからでしょ!!

わ………
私《わたし》がふられたから…!?
……………
闘《たたか》ってないからでしょ
風早《かぜはや》を傷《きず》つけるからでしょ!

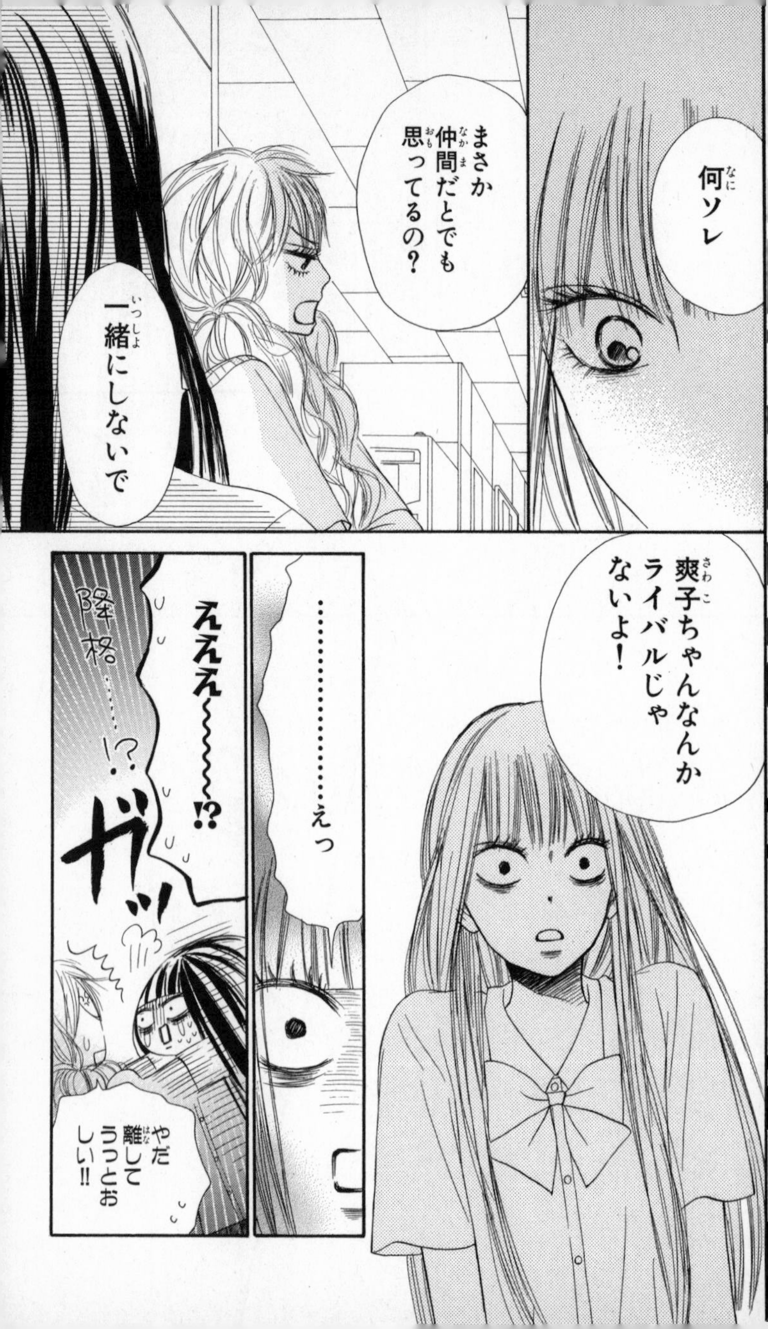
何《なに》ソレ
まさか仲間《なかま》だとでも思《おも》ってるの？
一緒《いっしょ》にしないで
爽子《さわこ》ちゃんなんかライバルじゃないよ！
…………えっ
えええ～～～⁉
降格……⁉
ガッ
やだ離《はな》してうっとおしい!!

「ライバルでしょ!」
……私《わたし》…………
……風早《かぜはや》くんにふられたよ……

…ひどい顔《かお》
……くるみちゃん……
……
「…友達《ともだち》？」

……あの……
アマ!!
キーン
コーン…
タン…

…あんなに泣《な》くほど困《こま》らせてるなんて
…思《おも》ってなかったんだ………
……
たっ

でも
もう押《お》さえてられなかったんだ
……
そっか
……
なんか
思《おも》ってたよりきついなー

俺《おれ》との仲《なか》を誤解《ごかい》されたくないみたいだ
俺《おれ》が黒沼《くろぬま》にしてきた事《こと》は
みんな気《き》を遣《つか》ってしてる事《こと》だって思《おも》ってたみたいだったから
…告白《こくはく》して
念押《ねんお》ししてみたけどダメだった

うん
ふられた
やっぱ迷惑《めいわく》だったかな

おーすげえ
出来てきてる山車
おー龍《りゅう》
まだ龍《りゅう》がひっぱる所《とこ》はついてねーけど
色もついてねーけど
あはは
※牛車をひっぱる牛役 →
ちょーここどーすんの
あーそこは風早《かぜはや》に聞《き》いてから…
わいわい
さて俺は部活って…
しょーた
あ、龍《りゅう》
わり
もーみんな作業《さぎょう》してるよな
あーなんかしょーたに聞《き》きたい事《こと》あるっぽかった
そか
サンキュー
………
ぶっちゃけに行《い》ったの?

今《いま》までそうしてきたんだもん
うまくいくよ
絶対《ぜったい》！
……
うん
…そーだよね！
タンタァタン、
あははははは…

ごめん やのちん
なんか言《い》いかけてたのに
さえぎって
何言《なにい》おーと
してたの
へえ?
「風早《かぜはや》の好《す》きな子《こ》
爽子《さわこ》だよ」って
そんな こじれるなら
言っていっかなと思って
あ。
そーだよ 何《なん》で
それ言《い》わないの
やのちん!!
………
でも
結局《けっきょく》ちづが
言《い》った事《こと》が
全《すべ》てだと思《おも》ったのよ
え
そこが
ねじれてるから
きっと何《なん》か
いろいろ
ねじれんでしょ
…それに
きっと爽子《さわこ》は
自分《じぶん》で どーにか
する!

……あの時《とき》
確《たし》かに私《わたし》は頑張《がん》《ば》れたはず
……私《わたし》――
風早《かぜはや》くんに対《たい》して
……何《なに》かを頑張《がんば》れた……？
ちづ！
あ〜〜〜!!
やっちゃった!! やっちゃったよ もうっ!!
バカ!!
だってガマンできなかった!!
やっぱり
よしよし

爽子《さわこ》も
あたしたちも
風早《かぜはや》も
違《ちが》いなんて
何《なに》もないんだよ
……爽子自身《さわこじしん》が
違《ちが》いを
感《かん》じなければね
はは
ちづも
気《き》になるから
ちょっと先《さき》に
行《い》ってみるわ！
あんたは
顔洗《かおあら》ってから
おいで！
…………
私《わたし》……
何《なに》か
何《なに》かを
間違《まちが》えてる

でも
あんたが頑張《がんば》ってくれたから
今《いま》ではあんたのいい所《ところ》も可愛《かわい》い所《ところ》もいっぱい知《し》ってるし
……大好《だいす》きだって思《おも》ってる
あんたがあたしたちのために勇気《ゆうき》出《だ》して頑張《がんば》ってくれたおかげだって思《おも》ってる

…………
鈍《にぶ》さに……？
――……
…ちづは…悔《くや》しかったり悲《かな》しかったりするとキレるから…
…………あれで心配《しんぱい》してんのよ
………
ねぇ 爽子《さわこ》
言《い》ってもあたしたちも――…
…最初《さいしょ》は あんたの事《こと》暗《くら》いし浮《う》いてる奴《やつ》だと思《おも》ってたのよ
ドキ

鈍《にぶ》さに慣《な》れるな!!
ザ・
ちょ
ちょっと ちづ!?
『あの子《こ》さぁ さけられるのに慣《な》れすぎて けっこーそれが普通《ふつう》みたいになってたじゃん?』
「そういうのって ちょっと泣《な》けるよね」
「……やさしい子《こ》なのにさ」
…………

そー思《おも》ってんだったら腹《はら》立《た》つなって話《はなし》!!
風早《かぜはや》に そういう態度《たいど》とらせてんのは あんただよ 爽子《さわこ》!!
…「当《あ》たり前《まえ》」って なんだよ………
…あたしらだっているのに……
あんたいつまで自分《じぶん》のこと下《さ》げて生《い》きていくつもり

……気《き》に入《い》らないな
爽子《さわこ》!
あんたまさか あたしらのことも あんたに気《き》ー遣《つか》って 友達《ともだち》やってるとか 思《おも》ってるわけ!?
…思《おも》ってなかった!!
そーなの!?
ガーン がーン がーン
ちがうわ!!

どんどん風早《かぜはや》くんを すきになって
どんどん欲《よく》が 出《で》てきたのを
……風早《かぜはや》くんは
気《き》づいていたの かもしれない
…「違《ちが》う」って 「そうじゃ ないんだ」って
……当《あ》たり前《まえ》のことを… 教《おし》えてくれたん だと思《おも》う……
……はずかしい
消《き》えてなくなりたい
…………
いや そーじゃなくてね 爽子《さわこ》
気《き》に 入《い》らない
えっ
いやちょっと わかるけど 落《お》ちついて ちづ
何《なに》も 風早《かぜはや》も そういうつもり でー…
ちがう!!

風早《かぜはや》くんは…私《わたし》のことさえも
みんなと分《わ》けへだてなく接《せっ》してくれてるんだと思《おも》ってたけど……
……ちがった
…いい気《き》になってた…
「…平等《びょうどう》になんて」
「一度《いちど》も接《せっ》したつもりない」
…………
ずっと……
――……
………
気《き》をつかわせてたんだと思《おも》う……
……私《わたし》が

カルピン on JAPAN 1

こんにちは!!
大変ごぶさたしております。
椎名です。どーもどーも。
お元気ですか!

産んじゃった……。

前巻にひき続き、今回の巻も少々イレギュラーな構成でページの少ない回などあるのですが(すみません)それというのもこの間に妊娠・出産をしていたからなのでした…。単行本も予定より遅れて、待って下さっていたみなさんごめんなさい!! この単行本が出る頃は 連載再開直前だったか直後だったか どっちだっけ どっちかだったと思うので、どうぞ続きの方もよろしくです♥ あと陣痛中に笑うと痛いので これから産む皆さん気をつけて…。

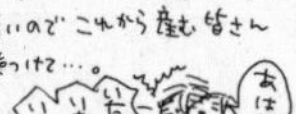

いてえな!!
何《なに》担任様《たんにんさま》足《あし》げにしてんだ!!
ざけんな!!
何《なに》を余計《よけい》な事《こと》ふきこんでんのよ!!
どっか行け!!
チッ なんだよ!! はげましてやってたのに!!
ち…
ちづちゃん あやねちゃん…
…探《さが》したよ
ご ごめんなさい……
それで
なんなの 今《いま》の
ふったとか ふられたとか
あと その顔《かお》
その顔→
な、なんだって〜〜〜!?

どーだ
おもっきし
ふってやったか!!
わはははは
ふ…
ふられ
ました
ええ?
ふ…
ふられたんです…
も…
もちろんて
いうか……。
ばさささっ
え――――!!
ガーン
じゃあ あいつ……!
わざわざ おまえの
居場所《いばしょ》聞《き》いて
はりきって走《はし》ってまで
おまえを振《ふ》りに
行《い》ったのかよ…!!
う……
あ……!!
そーだったん……!!
ひどい男《おとこ》だな…!
おい…どんまい!!
忘《わす》れろ
忘《わす》れろ
あんな奴《やつ》!!
何《なに》やってん
のよ!!
ドカ

あ……
ギャ
ばさささっ
!!
おまっ…!!
俺《おれ》の息《いき》の根《ね》…
止《と》める気《き》か!!!
ただのたくろぬまじゃねーかよっ!!!
わりー
霊だって
思ったー!!
何《なに》してやがんだこんな暗《くら》くてじめっとした所《とこ》で!!
まぎらわしいっっっ
すすすすすいませ……!!
はっはーん!
しょーたとそろって帰《かえ》りのSHR《ショートホームルーム》にいねーと思《おも》ったら!!
あれか!ほれたはれたか!!

キーン…
コーン…
…授業《じゅぎょう》まで…
…さぼり…
…放課後《ほうかご》に……
なってしまった……
あははは…
……いい加減《かげん》にしないと——
もうすぐ学校祭《がっこうさい》だからみんな準備《じゅんび》してるし…
……いけない……
みんなにやらせて私《わたし》だけさぼるわけには……
ひっく
でも——
…はたして人前《ひとまえ》に出《で》てもいい顔《かお》なんだろうか……
ひっく…
時間たったしいけるかな…
ガサッ

くるみじゃん！
うおー なんか久しぶり!!
修羅場《しゅらば》だったんだって⁉ 風早《かぜはや》と爽子《さわこ》ちゃんと!!
うわっ
すげえ——情報《じょうほう》はえ——
何《なに》があったの？
詳《くわ》しく聞《き》かせてよその話《はなし》！
……………
ん——……
……オレ——
…余計《よけい》な事《こと》しちゃったかもしんない

ケント
あんた爽子《さわこ》しらない?
あ
…ん――と
…今《いま》いるかわかんないけど…
最後《さいご》に会《あ》ったのは外《そと》だった
外《そと》ぉ?
昼休《ひるやす》みに花壇《かだん》のとこの
………
ホラ前にみんなで話した!!
あんた
余計《よけい》な事《こと》してないよね?
ドキー
え!?
まあいい
とりあえず行《い》ってみるわ
一応《いちおう》サンキュー
スタスタスタ
………
あ――……
ガッ
待《ま》ってやっぱオレも一緒《いっしょ》に――
あ

いやー
なんか貞子《さだこ》「誤解《ごかい》されちゃう」とか言《い》ってたから一応《いちおう》つっこんどいたけど…
え、違《ちが》った??
いやしらねーけど それだけ聞《き》いてたら普通《ふつう》に告白《こくはく》してるっぽくね?
え、まじで——!!
え、貞子《さだこ》?
えー見《み》てないけど どしたの?
そーいや さっきの授業 いなかったよねー
あーいや 見《み》てないなら いいんだ
さんきゅー!
あ

キーン
コーン…
わい
わい
えー
風早《かぜはや》が!?
そーなんだよ
もう修羅場《しゅらば》!
って感《かん》じで
貞子《さだこ》とー…
三浦健人《みうらけんと》? だっけ?
と3人《にん》でいて
貞子《さだこ》
泣《な》いてるし
風早《かぜはや》若干《じゃっかん》
切《き》れてるし
てか風早《かぜはや》
貞子《さだこ》の事《こと》
すきだとか
言《い》ってて
―
は!?
何《なに》それ
告白《こくはく》!?

episode《エピソード》36.何《なに》を見《み》てるの？

……すきだよ…

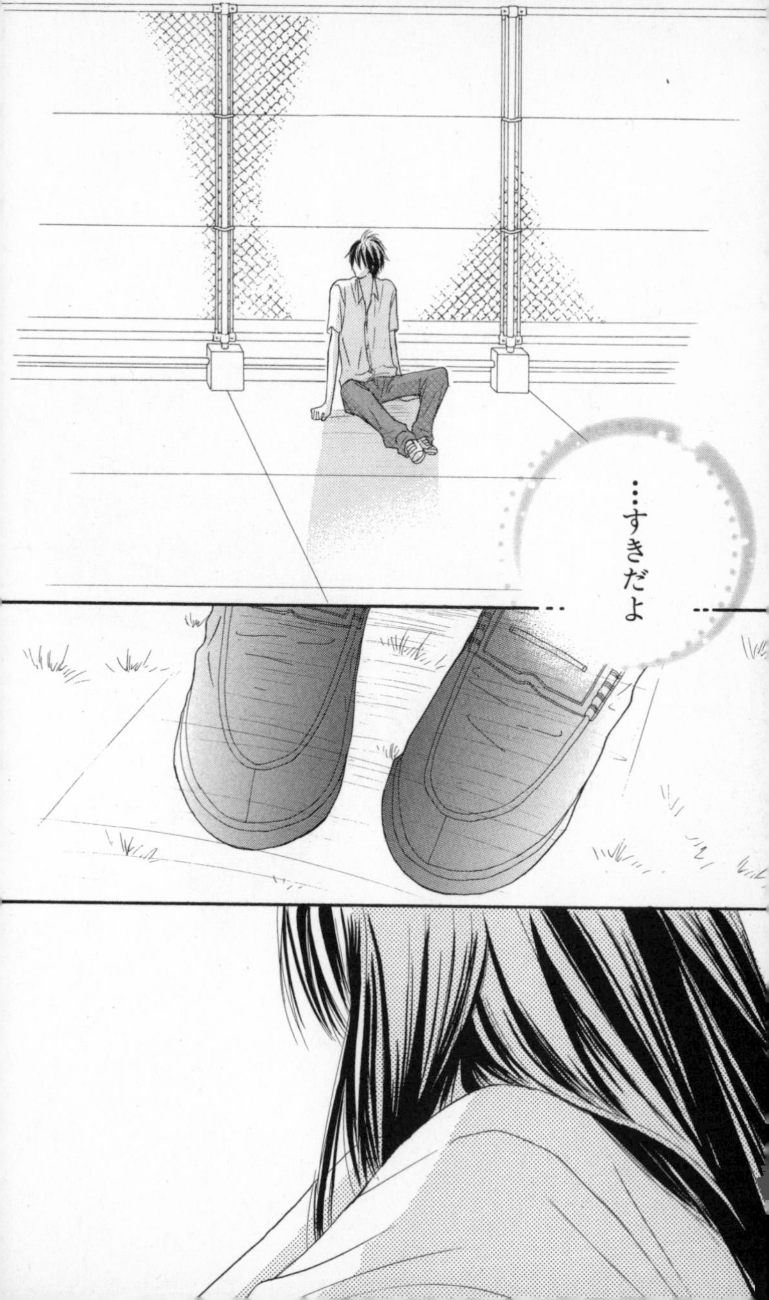
…すきだよ

一大事《いちだいじ》か……？
ピ

キーンコーン…
起立《きりつ》――
礼《れい》――
2-D
ガタガタ
欠席《けっせき》は――
風早《かぜはや》と黒沼《くろぬま》か――？
え、何《なに》？
なんでよ
さっきまでいたじゃん!!
おいおい
爽子《さわこ》がさぼり…？
………
……い……

…当《あ》たり前《まえ》のことを
言《い》われた
だけ
…………
……は……
……当《あ》たり前《まえ》だと
思《おも》ってたのに

わかってたん
だけどな

……
最初《さいしょ》から――……

ザ

……
……うん……

……でも
俺《おれ》の「すき」と黒沼《くろぬま》の「すき」は
…ちがうね

黒沼《くろぬま》は俺《おれ》がすき？
ぶんっ

俺《おれ》
黒沼《くろぬま》がすきだよ

…………
一度《いちど》も接《せつ》したつもりない………

……俺《おれ》
黒沼《くろぬま》が思《おも》ってる ような奴《やつ》じゃ ない
……
爽《さわ》やかとか 平等《びょうどう》とか
そんな風《ふう》に 思《おも》われたかった わけじゃない
……平等《びょうどう》に なんて………

…………
好《こう》意《い》だったんだよ………

…………
「気《き》をつかう」…？
三浦《みうら》の気《き》持《も》ちは「好意《こうい》」でー…
…俺《おれ》の気《き》持《も》ちは「迷惑《めいわく》が かかる」なの…？
「そんな言《い》い方《かた》したら
誤解《ごかい》されちゃう」

…………
ご……
……ごめんなさい………
……気《き》を
つかわせて………
………ごめんなさい
迷惑《めいわく》かけて
…ごめんなさい………
「…誤解《ごかい》される」

……
師匠《ししょう》は好意《こうい》でなぐさめてくれて…
……
じゃあ俺《おれ》?

――……
…なんで
泣《な》くの？
――原因《げんいん》は三浦《みうら》？

「風早《かぜはや》にだって迷惑《めいわく》かけたくないでしょ?」
「俺《おれ》
黒沼《くろぬま》のことすきだよ」
…すきな人《ひと》がいるのもしらないで
ひとりじめしようとしたり
下手《へた》したら誤解《ごかい》されそうな事《こと》を
……言《い》わせてしまったり——…

…ドキン…
ドキン…
……
……追《お》いかけて
しまったけれど
――……
何《なに》をどうしたら
いいのか
何《なに》を
言《い》えばいいのか
「迷惑《めいわく》なら
そう言《い》えば
いいんだ」
わからない
――「迷惑《めいわく》」？

まさかまじで……!?
えぇ～!?
…コーン…
カーン
コーン…

カーーン…
コーーン…
キーン…
ぽかーーん
コーーン…
…………っと
…ホラ！予鈴《よれい》 予鈴《よれい》！
いそがないと!!
ゆっ
ほっ ほんとだ!!
お開《ひら》き お開《ひら》き！ 行《い》こー 行《い》こー！
そっ そうだな!!
次ピンの体育だし!!
か…風早 怒ってたよな アレ…
…アレ？
つーか なんで おれたち 肩組まれて…
誰??
風早《かぜはや》… えええ!?

ザ
……ぜはやく……
ナニ。
風早《かぜはや》くん!
キーン…
コーン…

ザワ…
迷惑《めいわく》なら
そう言《い》えばいいんだ

誤解《ごかい》したくなっちゃうから――……
……何《なに》がおかしいんだよ
黒沼《くろぬま》

……あ
ちがう
……て……
え!?
何《なに》!? 貞子《さだこ》が自分《じぶん》と風早《かぜはや》の仲《なか》誤解《ごかい》されるとか言《い》ってんの!?
ちがうの
まちがえた
いや…つーか
しねーから誤解《ごかい》なんて!!
あははは
自意識かじょーだろ――!!
「嫌《きら》いじゃない」とか そーいう意味《いみ》だって!!
あはははは
私《わたし》が

……
……そんな言《い》い方《かた》したら誤解《ごかい》されちゃう……!

…誤解《ごかい》される

なんか
おかしい？
……いや……
おかしいって
いうか…
なあ！
えっ…
つーか
まじ…？
…それは…
「風早《かぜはや》」
「すきな子《こ》
いるよ？」

「俺《おれ》黒沼《くろぬま》のこと
すきだよ」
…………

episode《エピソード》35.好意《こうい》と迷惑《めいわく》

俺《おれ》黒沼《くろぬま》のことすきだよ

え
何《なに》
風《かぜ》早《はや》！
あはは
はは
貞《さだ》子《こ》のこと
すきなの？
すきだよ

そーだよ

…………………
し―――ん
しゅ～……
…修羅場《しゅらば》だったりして!!
あははは
なんつって!!
なんだよ貞子《さだこ》の奪《うば》い合《あ》いかよ風早《かぜはや》!!
なんつって!!
あははは
風早《かぜはや》ともう1人《り》に好《す》かれてモテモテじゃん貞子《さだこ》!!
つ…つらい…!!
そ………そんな冗談《じょうだん》……!
わ…笑えないっっ
あははは

風早《かぜはや》だ——！
おーい！
あはは
なにやってんの……
風早（怒）？
チャラ男？
あー よそのクラスかー！
貞子!!（泣）

このへんにしとけよ！なんだよ　いきなり
せっかく貞子《さだこ》ちゃんが風早《かぜはや》のこと平等《びょうどう》で明《あか》るくて爽《さわ》やかってほめてたのに
……
平等《びょうどう》……？
ザザ…
あはははは
あ

ごめんねー
貞子《さだこ》ちゃん
え!?
いやっ 師匠《ししょう》は なんにも悪《わる》くないって いうか むしろ励《はげ》まして もらっ……
ぼろっ
……ふ
……………
じゃあ なんで……
まーまーまー!
ふたりとも 気《き》を遣《つか》って くれてる〜〜〜!!
べ べつに誰《だれ》も 悪《わる》くないのに 私《わたし》が〜〜〜〜!!
あー
あらららら
もっと泣いちゃった

何《なに》やってんだよ!!
えっ いや 何《なに》って
びっくり
何《なに》泣《な》かせてんだよ!!
え!?

オレ
いーよ
貞子《さだこ》ちゃん
なら
ザッ

ついに来《き》ちゃった
なるべく考《かんが》えないようにしてたこと
大丈夫《だいじょうぶ》大丈夫《だいじょうぶ》!
ほんとはもっと自信《じしん》持《も》っていんだから!
ぽんぽん!
な!!
男《おとこ》なんていっぱいいるし!
……
……なんならオレにする?

あああああああ……
だっ
大丈夫《だいじょうぶ》だって！
ホラ 貞子《さだこ》ちゃん 笑《わら》うと可愛《かわい》いって!!
いける いける アリアリ!!
ぽろぽろぽろ
……とまんない
「自分《じぶん》でどうにかするしかないんだよ 爽子《さわこ》」
……あやねちゃん……
やっぱり無理《むり》かも
「迷惑《めいわく》かけたくないでしょ」
……………
…私《わたし》…今《いま》まで
ほんとに風早《かぜはや》くんに甘《あま》えすぎてたんだ

…貞子《さだこ》ちゃん………
……いたんだ……
ほんとに いたんだ すきなひと……
はらはらはら
えっ
うそ まじで!
えっ そんなに 本気《ほんき》 だったの!
うやあ ごめんごめん!
泣《な》かすつもりじゃ なかったん だけどな〜〜〜!
ただホラ もっと貞子《さだこ》ちゃんに 似合《にあ》う奴《やつ》が…
う

「もうとっくにふられてるもの」
風早《かぜはや》にだって迷惑《めいわく》かけたくないでしょ?
だからなんつーか生《う》まれかわった気分《きぶん》でさあ!
他《ほか》で恋愛《れんあい》なんかもしちゃってさあ!
これから楽《たの》しーこといっぱい……
すっく
あれっ?
ふらふら…
ちょっ 貞子《さだこ》ちゃん!?
おーい
どこ行《い》く…
ぽん!

風早《かぜはや》 すきな子《こ》 いるよ？
………言《い》わないで おこうと 思《おも》ってたんだけど ………
そんなに 風早《かぜはや》にふりまわされる 事《こと》ないいんじゃないの？
――「わたしは」

……
えっ!?
お互《たが》いのために
それが一番《いちばん》
よくない?
でっ でも
あやねちゃんには
逆《ぎゃく》の事《こと》を
言《い》われ……
えっ
お互《たが》い?
お互《たが》い
だよ!
?
貞子《さだこ》ちゃんは
独《ひと》り立《だ》ちして
青春《せいしゅん》を
エンジョイ!
風早《かぜはや》だって
役目《やくめ》終《お》わって
すっきり!
えっ
えっ…
貞子《さだこ》
ちゃん

自分《じぶん》で自分《じぶん》が……信《しん》じられないくらい
私《わたし》が……勝手《かって》に かん違《ちが》い しちゃっただけで……
………
カン違《ちが》いって わかってたんだ…？
ずさっ
あっ イヤもう これ以上《いじょう》は!!
さすがに 自分《じぶん》の口《くち》から 出《だ》すのもけっこー 悲《かな》しいんで!!
STOP!!
かんべんして 下さい!!
そっか――
いや わきまえよーとは 思ってんすけどね…
しゅん…
……かわい そーに
罪《つみ》な男《おとこ》だぜ 風早《かぜはや》
けなげに かばって……
………… あのさあ!
やっぱ もう あんまり 風早《かぜはや》に近《ちか》づか ない方《ほう》が いいんじゃないの？

風早《かぜはや》くんは誰《だれ》に対《たい》しても平等《びょうどう》で！
明《あか》るくて！
爽《さわ》やかで!!
私《わたし》にだっていつも笑《わら》ってあいさつしてくれたんだよ！
…気持《きも》ちを喋《しゃべ》ったら信《しん》じてくれて……
…だから私《わたし》…
そうだよ
風早《かぜはや》くんには生《う》まれて初《はじ》めて壁《かべ》を感《かん》じなかった…
そういう人《ひと》だからすきになったのに
なのに
私《わたし》
もうずっと前《まえ》からそれだけじゃ満足《まんぞく》できなくなってる

風早《かぜはや》くんのそういう所《ところ》に憧《あこが》れたはずなのに
カン違《ちが》いしちゃうのもしょーがないよね
あんな風《ふう》に風早《かぜはや》に声《こえ》かけられてたらね
何《なに》!!
なんかバレてる!!
考えてることが!!
うっわ～!!!
エッエスパー!!
さすが師匠…!!
あわわわわ。。。
かなりはずかしい
風早《かぜはや》もさー悪気《わるぎ》はないと思《おも》うんだよ
思《おも》うんだけどちょっと無神経《むしんけい》だよな!
そっ
そんなことないよ!!

「風早《かぜはや》
浮《う》いてる子《こ》
ほっとけないんだって—!」
じーん…
いつも
あんまり自然《しぜん》に
接《せっ》してくれて
いたから
……基本的《きほんてき》なことを
忘《わす》れてた……
「陰気《いんき》だからって
何《なに》もしなくても
風早《かぜはや》に
かまわれて!」
……
それは
陰気特典《いんきとくてん》
なので……
あー
そだねー!
ガーン
嬉《うれ》しいのに
なんだか
ショック

……………
……ううん………
——クラスになじむのは
いつだって私《わたし》の目標《もくひょう》で
いーれーて〜
いつだって
にっ…
憧《あこが》れで
——ただ
「黒沼《くろぬま》!」
「黒沼《くろぬま》!!」

もう風早《かぜはや》がどーにかしなくても貞子《さだこ》ちゃん立派《りっぱ》にやってけるって！
ずっと浮《う》いたまま風早《かぜはや》にかまわれてたかった？
…………
嬉《うれ》しくないの？
はっ・

…クラスになじむ!?
私《わたし》が!?
走馬灯
…これが……!!
あの……夢《ゆめ》にまで見《み》た……!!
クラスになじむ……!!
はは
なんだ気《き》づいてなかったの?
もう「クラスで浮《う》いてる子《こ》」なんて思《おも》わなくていいんだよ

よかったね 貞子《さだこ》ちゃん
もうすっかりクラスになじんだじゃん！

episode《エピソード》34.すきなひと
君《きみ》に届《とど》け
椎《しい》名《な》軽《かる》穂《ほ》

♣君に届け⑨もくじ♣

《いまでのお話《はなし》》

黒沼爽子《くろぬまさわこ》・15歳《さい》は、真面目《まじめ》で感動屋《かんどうや》。だけど超陰気《ちょういんき》な見《み》た目《め》のせいで〝貞子《さだこ》〟と呼《よ》ばれ恐《おそ》れられていたが、同《おな》じクラスの風早《かぜはや》のおかげで初《はじ》めて吉田《よしだ》&《アンド》矢野《やの》という友達《ともだち》が!? そして、2人《り》は爽子《さわこ》の風早《かぜはや》への恋《こい》をいつも応援《おうえん》してくれた。大《おお》みそかの誕生日《たんじょうび》には、2人《り》の計《はか》らいで風早《かぜはや》と2人《り》きりに!? 良《よ》い雰囲気《ふんいき》になったのも束《つか》の間《ま》、バレンタインでは緊張《きんちょう》のあまり、風早《かぜはや》にだけチョコを渡《わた》せずじまいに…。爽子《さわこ》を想《おも》い始《はじ》めた風早《かぜはや》の心《こころ》は複雑《ふくざつ》…。高《こう》2になり、爽子《さわこ》に軽《かる》いノリで絡《から》んでくる同級生《どうきゅうせい》・健人《けんと》の出現《しゅつげん》に風早《かぜはや》はあせり始《はじ》める。そんな時《とき》、彼《かれ》の気持《きも》ちを知《し》る担任《たんにん》にからかわれ、意《い》を決《けっ》して爽子《さわこ》のもとへ走《はし》り出《だ》した風早《かぜはや》だけど――!?

♥くわしい物語は、「君に届け」①～⑧（大好評発売中）でどうぞ!!

君《きみ》に届《とど》け⑨

椎《しい》名《な》軽《かる》穂《ほ》